Inhalt

Kontraktlogistik - kein Allheilmittel aber lohnende Ergänzung

Kernthesen

Beitrag

Fallbeispiele

Weiterführende Literatur

Impressum

Kontraktlogistik - kein Allheilmittel aber lohnende Ergänzung

I.Zeilhofer-Ficker

Kernthesen

- Von etwa 60 Milliarden Euro jährlichem Marktpotenzial für Kontraktlogistikleistungen werden erst zwanzig Prozent ausgeschöpft.
- Die Gewinnmargen sind bei den Anbietern am höchsten, die ihre Kontraktlogistikleistungen mit weit reichende Transportnetzwerken und Lagerkapazitäten kombinieren können.
- Mittelständischen Unternehmen bieten sich Chancen durch Spezialisierung auf bestimmte Branchen oder geografische

Schwerpunkte.

Beitrag

Über Jahre hinweg galt die Kontraktlogistik als Boombranche, die ohne großen Kapitaleinsatz hohe Renditen versprach. Diese Meinungen sind nun relativiert worden: nur in der Ergänzung zu den typischen Logistikleistungen verspricht die Kontraktlogistik den erhofften Erfolg.

Kontraktlogistik als Wachstumsmotor

Die deutsche Logistik hat sich in den letzten Jahren zur Vorzeigebranche entwickelt, die auch auf dem Weltmarkt eine nicht unbedeutende Rolle als Vorreiter für neue Prozesse und Techniken spielt. Ein Umsatz von rund 157 Milliarden Euro pro Jahr steht für immerhin über sieben Prozent des Bruttoinlandsproduktes und auch als Arbeitgeber von 2,6 Millionen Beschäftigten kann die Logistik kaum noch übersehen werden. (1), (2), (3)

Neben den typischen Logistikleistungen Gütertransport und Lagerhaltung wächst die

Bedeutung der Kontraktlogistik, also dem Transport vor und nach gelagerte Dienstleistungen, die jährliche Wachstumsraten von über zehn Prozent vermelden kann. Dies soll sich auch in den nächsten Jahren fortsetzen, da von dem jährlichen Marktpotenzial von 60 Milliarden Euro erst etwa zwanzig Prozent ausgeschöpft werden. (3), (4), (5), (6)

Trotzdem kann die Kontraktlogistik nicht als Allheilmittel für die sinkenden Margen im Speditionsgewerbe angesehen werden. Denn die Margen der reinen Kontraktlogistikanbieter liegen noch unter denen der reinen Speditionsbetriebe. Auch der Irrglaube, Kontraktlogistik ohne Investitionen in Fahrzeuge oder Immobilien würde die höchsten Gewinne bescheren, musste mittlerweile widerlegt werden. In der Kombination von Kontraktlogistik mit Transport- und Lagerdienstleistungen liegen wohl tatsächlich die größten Erfolgsaussichten, wie die aktuelle Studie der Mercer Management Consulting feststellt. (6), (7), (8)

Vertrauen und Vernetzung entscheidend

Das Outsourcing von Kontraktlogistikdienstleistungen setzt ein hohes Maß an Vertrauen in den Logistikanbieter voraus. Immerhin muss ein Betrieb große Teile des Unternehmenswissens offen legen, über Prozesse und Abläufe informieren, Zugang zu den firmeninternen IT-Netzwerken schaffen und vieles mehr. Umfassende Outsourcing-Projekte wie zum Beispiel die Auslagerung der gesamten Auftragsabwicklung, der Reklamationsbearbeitung oder der Intralogistik werden daher nur den gewünschten Erfolg bringen, wenn die potentiellen Vertragspartner schon von ersten Projektplanungsschritten an eng zusammen arbeiten und zur Kostenteilung bereit sind, sollte das Projekt doch nicht realisiert werden können. Viele Unternehmen zögern deshalb damit, trotz möglicher Kostenvorteile transportnahe Logistikdienstleistungen an Fremdfirmen auszulagern.(9), (10), (11), (12)

Einen Vertrauensvorschuss genießen Logistikunternehmen, die sich bereits durch eine zuverlässige Abwicklung von Transport- oder Lagerleistungen ausgezeichnet haben. Ein Großteil des Wachstums von Kontraktlogistikleistungen ist deshalb auf Mengenausweitungen von bereits bestehenden Geschäftsbeziehungen zurückzuführen. Neue Projekte machen nur rund ein Drittel des Gesamtwachstums aus. (11), (13)

Da Kunden oft eine Lösung aus einer Hand

anstreben, sind Anbieter im Vorteil, die auf globale Logistiknetzwerke sowie einen Mix aus den unterschiedlichen Transportmodi bauen können. Durchgängige IT-Systeme sind ebenso ein Muss wie ein Mitarbeiterstamm, der sich durch Mehrsprachigkeit, multikulturelles Verständnis, Zuverlässigkeit, Kundenorientierung und Qualitätsbewusstsein auszeichnet. Das heißt aber nicht, dass mittelständische Unternehmen von vorneherein chancenlos sind. Gerade Mittelständler haben sich durch ihre Nähe zum Kunden, durch übersichtliche Managementstrukturen und hohes Qualitätsstreben als durchaus ernst zu nehmende Konkurrenten für Branchen- und Nischenlösungen oder als Anbieter mit speziellem geografischen Schwerpunkt qualifiziert. (7), (14), (15)

Chancen und Risiken

Mit Geschäftsmodellen, in denen bestehende Logistiknetzwerke durch Kontraktlogistikangebote ergänzt werden, ist die Möglichkeit gegeben, Skalen- und Synergieeffekte zu nutzen und in Kostenvorteile umzusetzen. Trotzdem sind niedrige Vertragslaufzeiten ein nicht zu unterschätzendes Risiko, wenn für die Leistung hohe kundenspezifische Investitionen erforderlich sind. Bei der Aushandlung der Vertragslaufzeiten sind deshalb die Amortisationszeiten der Investitionen zu berücksichtigen oder entsprechende Ablösezahlungen bei vorzeitigem Vertragsende zu vereinbaren. Da der Trend in Richtung kurze Vertragslaufzeiten geht, sind die Anbieter gezwungen, höchste Qualität bei optimalen Kosten abzuliefern, um weiter im Geschäft zu bleiben. (2), (8), (14), (16)

Andererseits ziehen erfolgreiche Kontraktlogistikleistungen meist weitere Umsätze im Transport nach sich oder man wird als bevorzugter Lieferant für andere Outsourcing Projekte in Betracht gezogen. (2), (8), (11), (14)

Fallbeispiele

Die Zusammenarbeit zwischen Airbus und der Stute Verkehrs GmbH begann mit der Planung des Airbus-Logistikzentrums in Hamburg 2002. Gemeinsam wurde der Bau realisiert, in Betrieb genommen und von Stute bewirtschaftet. Mittlerweile folgte der Auftrag für ein Logistikzentrum in Bremen sowie Laupheim. Stute punktet bei Airbus mit umfangreichem Know-How über das Handling von

Flugzeugbauteilen, mit den verfügbaren Kapazitäten für Komplett- und Spezialtransporte sowie mit dem verfügbaren internationalen Logistiknetzwerk des Mutterkonzerns Kühne und Nagel. (11)

Auch die Bewirtschaftung des Logistikzentrums des Motorenherstellers Deutz in Köln wird von Stute durchgeführt. Alle Logistikleistungen vom Wareneingang über die komplette Ver- und Entsorgung der Deutz-Produktion bis zur Versandabfertigung werden von Stute erbracht. Die konstante hervorragende Lieferantenleistung von Stute wurde mit einer Vertragsverlängerung bis zum Jahr 2012 belohnt. (17)

Die Firma Hoyer ist im Chemiepark Dormagen für die gesamte Logistik des Kunststoffgranulatproduzenten Lanxess zuständig. Dabei werden pro Jahr bis zu 232 000 Tonnen Kunststoffgranulat verpackt, gelagert und versandt. Die enge Vernetzung mit den IT-Systemen von Lanxess garantiert die Transparenz aller Prozessabläufe. (18)

Die TNT Logistics hat sich auf vier Branchen spezialisiert: Automotive, Hightech/Elektronik, Fashion/Lifestyle und Publishing/Media. Individuelle Branchenkonzepte, die auf die speziellen Anliegen der Kunden zugeschnitten werden, sollen weiteres Wachstum garantieren. (19)

Die DHL Solutions GmbH, als Tochter der Deutsche Post World Net für Kontraktlogistiklösungen zuständig, hat sich ebenfalls auf Branchenlösungen spezialisiert. Telecom/Electronics, Fast Moving Consumer Goods, Pharma-/Medizintechnik und die Automobilindustrie sind ihre Spezialgebiete. (19)

Weiterführende Literatur

(1) Vom Schmuddelkind zum Musterschüler
aus Frankfurter Allgemeine Zeitung, 02.06.2005, Nr. 125, S. 16

(2) Aden, Detthold, Lust auf mehr Logistik, DVZ Deutsche VerkehrsZeitung, Nr. 264, 31.05.2005
aus Frankfurter Allgemeine Zeitung, 02.06.2005, Nr. 125, S. 16

(3) Werth, Hans-Jörg, Logistik unter vollen Segeln, DVZ Deutsche VerkehrsZeitung, Nr. 275, 25.06.2005
aus Frankfurter Allgemeine Zeitung, 02.06.2005, Nr. 125, S. 16

(4) Kohagen, Jens, Kernkompetenz gibt die Grenze beim Outsourcing vor, DVZ, Deutsche VerkehrsZeitung, Nr. 063, 28.05.2005
aus Frankfurter Allgemeine Zeitung, 02.06.2005, Nr. 125, S. 16

(5) Kontraktlogistik: Hohe Anforderungen an mittelständische Dienstleister Erfolg durch Flexibilität, Mut und Schnelligkeit
aus Industrieanzeiger, Heft 23, 2005, S. 74

(6) Kontraktlogistik als Zusatzleistung lohnt für Zulieferer kaum Leistungen mit geringer Wertschöpfung gefragt
aus Industrieanzeiger, Heft 5, 2005, S. 42

(7) Königsweg Kontraktlogistik?
aus VerkehrsRundschauRundschau, Heft 28/2005, S. 26-29

(8) Geschäftsmodell entscheidend
aus Logistik inside, Heft 07/2005, S. 24

(9) Knopf, Thomas, Vertrauen ist ausschlaggebend, Handelszeitung, 02.02.2005
aus Logistik inside, Heft 07/2005, S. 24

(10) O. V., Outsourcing kann sich lohnen muss aber nicht, DVZ Deutsche VerkehrsZeitung, Nr. 028, 08.03.2005
aus Logistik inside, Heft 07/2005, S. 24

(11) Hollmann, Michael, Ideenschmiede für Industrielogistik, DVZ Deutsche VerkehrsZeitung, Nr. 275, 25.06.2005
aus Logistik inside, Heft 07/2005, S. 24

(12) Zug um Zug gewinnen
aus VerkehrsRundschauRundschau, Heft 15/2005, S.

42-45

(13) O. V., Ungeliebte Studien, DVZ Deutsche VerkehrsZeitung, Nr. 067, 07.06.2005
aus VerkehrsRundschauRundschau, Heft 15/2005, S. 42-45

(14) O. V., Die Profite liegen im Netz, DVZ Deutsche VerkehrsZeitung, Nr. 067, 07.06.2005
aus VerkehrsRundschauRundschau, Heft 15/2005, S. 42-45

(15) Hager, Hans-Jörg, Geliebtes Netz, DVZ Deutsche VerkehrsZeitung, Nr. 264, 31.05.2005
aus VerkehrsRundschauRundschau, Heft 15/2005, S. 42-45

(16) O. V., Hohe Investitionsrisiken in der Kontraktlogistik, DVZ Deutsche VerkehrsZeitung, Nr. 046, 19.04.2005
aus VerkehrsRundschauRundschau, Heft 15/2005, S. 42-45

(17) Stute erweitert das Logistikzentrum in Köln für den Motorenhersteller Deutz Die Motorenlieferung auf Touren gebracht
aus FM Fracht + Materialfluß, Heft 4, 2005, S. 62

(18) Oldenburg, Behrend, Win-Win im Chemiepark, DVZ Deutsche VerkehrsZeitung, Nr. 260, 21.05.2005
aus FM Fracht + Materialfluß, Heft 4, 2005, S. 62

(19) Dienstleister in Bewegung

aus Maschinenmarkt Logistik Nr. 04 vom 27.05.2005

Impressum

Kontraktlogistik - kein Allheilmittel aber lohnende Ergänzung

Bibliografische Information der deutschen Nationalbibliothek

Die Deutsche Nationalbibliothek verzeichnet diese Publikation in der deutschen Nationalbibliografie; detaillierte bibliografische Daten sind im Internet über http://dnb.d-nb.de abrufbar.

ISBN: 978-3-7379-1049-1

© 2015 GBI-Genios Deutsche Wirtschaftsdatenbank GmbH, Freischützstraße 96, 81927 München, www.genios.de

Alle Rechte vorbehalten. Dieses Werk ist einschließlich aller seiner Teile – z.B. Texte, Tabellen und Grafiken - urheberrechtlich geschützt. Jede Verwertung außerhalb der Grenzen des Urheberrechtsgesetzes bedarf der vorherigen Zustimmung des Verlags. Dies gilt insbesondere auch für auszugsweise Nachdrucke, fotomechanische

Vervielfältigungen (Fotokopie/Mikroskopie), Übersetzungen, Auswertungen durch Datenbanken oder ähnliche Einrichtungen und die Einspeicherung und Verarbeitung in elektronischen Systemen.